KB210935

우리 사랑 50년

이 정 원

열 세 번 째 시 집

우리 사랑 50년

이정원 열세번째 시집

닌 누림과 이룸

시인의 말

추운 겨울 지독하게 길다고 투정하지만
눈 녹듯 사라집니다
꽃 피는 봄
꽃향기에 취해 사랑하지만
꽃잎 떨어져야 열매 맺습니다
뜨거운 여름 산과 바다로 도망가
못 살겠다 욕하지만
한바탕 비 눈물 쏟으며 태풍에 밀려갑니다
곡식 익어 풀벌레 우는 가을
아침에 기분 좋고 저녁에 행복한데
풍요 속에도 세월은 갑니다
성급하게 기다리고 지나면 후회하는
바람처럼 스쳐 간 사랑의 세월 50년
빛과 어둠이 돌고 돌아
내 인생의 긴 겨울이 다가오는데
철없는 마음은 항상 봄입니다

75년 세월
정말 화살처럼 바람 스치듯 살아왔습니다

‘고생했다, 잘살았다, 열심히 살아왔다’
부끄러운 일도 많지만
그래도 지금 행복합니다

2024년 10월에
주님의 종 **이정원**

차례

3

남은
시간

1

인생에
남는 것은

성지순례 동행

주님 가신 길
이천 년이 지나도
향기가 있고 감동이 있습니다

갈릴리 호수
물 위에 비추듯
주님의 모습 남아 있고

여리고에도 돌짝밭에도
푸른 풀밭 주님 계시고
양 무리 주님 형상 봅니다

가나의 포도주
사마리아 생수
실로암 기적

보았고 마셨고 믿기에
돌항아리 가득 채워진 물처럼
포도주로 변하게 하소서

홍해 가른 모세의 기적
바위산 쪼개신 하나님 능력
페트라에서 보았습니다

님 가신 골고다
십자가 슬픔의 길
고통 없는 십자가 지고

통곡의 벽
머리 박고 가슴 치지만
통곡의 눈물 없이 회개합니다

믿음 없는 나를 도우사
메마른 심령
은혜의 샘 주소서

각국 순례단
방언 기도 물결 이루고
성령에 취해 바람처럼 스쳐 가는데

주님의 거룩한 발자취 사이
현대문명 종파의 깊은 골
바벨탑처럼 무너지게 하소서

하늘문 성도들의 준비된 기도
쫓기듯 가는 긴 순례길
성령의 구름 기둥 인도하십니다

주님의 향기 품은 심령에
은혜의 단비
생수의 샘 터져
자손 대대로 마시게 하소서

에덴 농원

나무가 자라고
과수 꽃이 피고
채소가 자라고
닭이 자라 알 낳고
철없는 개 정이 든다

일하면서 행복하고
쉬면서 행복하고
일용할 영감 주시니
새날이 행복하다

구석구석 쌓이는 축복
꽃 속에 묻혀 산다
행복하지 못하면
나는 죽은 자

여기가 좋사오니 고백하며
자라듯 님 사랑 익어간다
심신이 치유되는
에덴동산

자연의 품

지난 삶이 부끄러워
산속 깊이
자연 속에 숨어 산다
자연이 내뿜는
향기, 소리, 색깔
알몸으로 묻혀 산다
깊은 밤
자정 넘어
홀로 우는 새소리를 듣는다

기도굴

교회 중심에서
나 중심으로 산다
멍에가 풀려 자유롭지만
자유가 두려워
스스로 일 만든다

기도하면서 기도굴 판다
아침 한 시간
저녁 한 시간
비가 와도 눈이 와도 일한다

홀로 돌벽과 싸워
조금씩 허물어 공간을 넓혀
하나, 둘, 셋, 땅속에 방을 만든다

욕망에 취해 있는 세포
돌 같은 심령을 쪼아내어
홀로 숨 쉴 곳을 만든다

동반자

그녀는
웃음으로 가득 찬
웃음보따리

웃을 준비가 되어 있고
웃는 모습이 아름답고
웃음소리가 맑다

작은 소리에도 웃는
언제나 기쁨을 주는
웃음 전도사이다

자연 속에 조화를 이루고
계절 따라 감사하고
한 송이 꽃에 감격하고 찬양한다

자연의 변화는 아름다워
행복을 주고
오늘도 감탄한다

독

아름다운 꽃에 앉아
꿀만 먹는 벌에게도
독이 있다

진리의 말씀 만나 먹고
찬양과 기도를 해도
인간에게 독이 있다

벌은 집을 지키기 위해
독을 쏘고
인간은 자기를 위해 독을 쏜다

꽃을 보며

봄꽃은
바람의 맛을 보며
조금씩 피어난다

늙은이는 꽃을 보며
잠시 지나간
세월 그리워한다

희생의 세월
행복하지만 몸은 늙었다
마지막 흔적 남기려
오늘도 쉬지 않는다

속지 마

속지 마
어제도 오늘도
속고 사는 인생아

봄바람에 속지 마
지난 기억에 속지 마
사랑한다는 말에 속지 마

화려한 조명
따스한 손길
영원히 함께한다는 말에
네 마음 빼앗기지 마

왕의 권력
철새들의 소식
흘러간 과거 인기에
네 마음 빼앗기지 마

삶은 허상이야
바람 잡다가
한 줌의 재가 되는
인생은 돼도 안 돼도 공이야

꿈도 기다림도
계절의 꽃향기도
허공에 떠가는 것이야

후회하지 마
속고 사는 인생
속고 속일 것도 없는
정든 동반자 네가 있어
황혼 길이 행복한 거야
거짓 없는 곳 향하여

기도굴 2

수만 년 굳어진
돌 껍질 쪼아낸다
수십 개 쇠 징이 닳도록
한 조각 한 숟갈 떼어낸다

쪼아내고 쪼아내니 동굴이 되고
어둠 속에 영혼의 둥지 만들어
수만 겹 마음의 각질 벗겨낸다

기억나지 않는 옛 과거
악몽으로 토해내고
늙도록 아물지 않는
상처 다듬어 낸다

세월의 끝자락에서
고요 속에 흙냄새 맡으며
육신의 마지막 힘
죽어야 사는 부활의 씨 심는다

함께 간다

항상 쫓기듯
거칠게 살아온 인생

신을 만나 기적을 체험하고
한 발짝 함께 간다

징검다리 밟으며
은하수 다리 건너
미지의 세계
한 줄기 불빛 따라 길을 간다

뻐꾸기

내 마음 골짜기에
늘 뻐꾸기가 운다

한 번도 보지 못한 뻐꾸기
오늘도 먼 산에서 울고 있다

님 찾아 우나 배고파 우나
애처롭게 큰 소리 아름다운 소리로 운다

어둠 속에 새벽 부르고

저녁 무렵 저무는 해 그리워 운다

오늘도 하루 종일 운다

목사는 풍각쟁이

목사는 풍각쟁이
허수아비
가난한 양반

아침 호텔기도회
점심 결혼주례
저녁 입관식

길 잃은 양 찾아
강도 만난 양 찾아
배신한 양 찾아 떠돌다

한 방향 향해
밀려 달려온 길
시간은 운명이 아니라 선물이다

영의 세계

구름 위를 걷듯 하루가 간다
바람 소리 스쳐 가듯 세월이 간다

꿈보다 아름답고 행복한
감격의 삶을 산다

태양 빛 자연이 자라고
열매 가득한 세상 밭에서
한 알 한 알 거두는 기쁨

가을 지나 겨울이 와도
내 가슴 속에는
항상 사계절이 있다

오염된 기억에서 벗어나
광선보다 빠른 영의 세계
영원한 안식 누린다

바람과 파도

바람과 파도는 부부관계
스쳐 가는 인연의 파도 만들고
수평선 멀리 함께 간다

산골짝 따라
허공을 휘몰아 돌고
세계를 순회한다

새소리 눈뜨고
닭 소리 일어나
개가 꼬리 치며 따라온다

속고 속이며 대충 살아온 인생
밀고 밀리며 태풍 속에 살아온 삶
석양 바라보며 오늘도 만 보 걷는다

달빛

달빛이
창 너머에서
내 마음속까지 비춘다

풀벌레가
숲속 어둠 속에서
애절하게 운다

깊은 밤
아득한 옛길에서
가련한 나를 만난다

슬픔을 모른 채
지루하게
그렇게 살아왔다

성령

생수가 반석 뚫고 나오듯
성령도 심령 깊은 곳에서 솟는다

신앙이 병든 것은
오염된 건수를 먹기 때문이다

능력이 나타나지 않는 것은
반석을 뚫지 못했기 때문이다

마르지 않는 샘 생수를 마시라
백 배의 축복받은 이삭의 샘을 파라

믿음이란 마음의 토양에서
성령의 나무 자라고

혼은 죽고 영이 살아야
은혜의 열매 맺는다

산기슭

산 넘어 산
봉우리 넘어 봉우리
수십 개의 능선 따라간다

살자고 올라간 길
살자고 내려간다

바위 밟고 넝쿨 잡고
정해진 길 한 발 한 발 걷는다

자연의 신비 속에
삶의 기 채워 간다

오늘도 마음은
산마루 걷는다

자연

무너진 담
에덴동산 안에 짐승들이 살고
지난 세월이 가슴 밟고 넘어간다

은퇴
사명의 굴레 벗고
어디서 끝날지 모르는 광야 걷는다

가슴을 비우다 보니
허무함에
불안의 찌꺼기만 남는다

자연인 되어 찾은 자연
변함없는 가슴으로 품어
깊은 안식 누린다

썩은 뿌리

오늘도 전쟁한다

하늘의 별들이
땅의 색깔 논쟁

땅속 뿌리들이
영역 차지하기 위해
그물망처럼 뻗어간다

단단한 돌 피해 가고
틈만 있으면 파고든다

머릿속 가슴속
수십 년 된 썩은 뿌리
가득 담은 채 죽어간다

내 곁에

자연의 무대 위에
여름 가고 가을의 길목에서
한밤의 오케스트라 듣는다

세월의 뜬구름 타고
꿈 바람에 밀려 밀려
어찌 여기까지 왔나

아직도 초행길인데 어느새 몸은 늙고
허리 힘 잃고 온몸에서 나는 신음 소리
꿈까지 잃었는가

모든 것 잃었지만
아직도 내 곁에 밝은 미소로
항상 향기 나는 그녀가 동행하네

천국 불빛

매일 시작이 좋고
도전해서 좋고
호기심이 커간다

하나하나 이루어져 좋고
완성되는 기적을 보고
또 다른 꿈 꾼다

외롭지 않고 소망이 있는 것은
아득한 지평선 너머
반짝이는 불빛 본다

어둠으로 가득 찬 사람
별로 보는 사람
그 빛은 어머님 계신 천국 등대이다

자연 2

사람이 마냥 좋아야 하는데
어느새 내 편 아니면
적이 된다

내 편 네 편 틈에
설 곳 없어
자연과 벗 삼아 산다

언제나 기를 내뿜어 주고
마음이 통하고
비밀이 가득하다

신비한 자연
구경하고 감탄하고
기와 능력 축적한다

실패한 인생도
병든 인생도
품어 치유해 주는 자연

알면서 간다

서운해하지 마라
너는 이미 모든 것을 가졌다

분내지 마라
그 불이 너를 태울 뿐이다

배신당했다 생각 마라
너는 이미 알고 있었다

슬퍼하지 마라
인생은 눈물의 비빔밥이다

어둠 속 멀리서 우는 부엉이 소리
새벽 깨우는 잠새 소리
산 너머 붉은 태양이 떠오른다

하나가 된 뿌리

우리 만남 48년
늙을수록 향기 나는 여인

오랜 세월 껍질이 벗겨지면서
알몸으로 하나가 되어 간다

아직도 사랑의 샘이 마르지 않은
지혜의 근원이 어디일까

얼굴에 평화가 넘치고
눈은 사랑을 말하고
입은 감사의 샘이고
코는 생기를 뿜어내는 여인

바람에 가지가 흔들리고
잎이 떨어져도
어느덧 하나가 된 뿌리

인생 편지

살다 보니 은퇴가 다가왔습니다.

은퇴란 가르치는 일을 멈추고 자기 내면을 보는 삶과 죽음의 중간 지대임을 깨닫는 시간입니다.

이제 갈 길이 얼마 남지 않아 시야가 좁아지고 소리가 멀어지고 판단이 두려워집니다.

이제 서서히 무너지는 육체를 느끼며 심장도 미덥지 않고 관절도, 괄약근도 믿을 수 없어 미래의 세계가 궁금해집니다.

인생의 흔적을 남기겠다고 열심히 싸우고 사기치고 잘난 척했으나 남은 것은 마음의 상처뿐입니다.

태양이 뜨고 지구가 도는 거대한 수레의 틈바구니에 끼어 살아남은 것이 기적이요. 이 땅에 태어나 살아 있는 것이 삶의 흔적입니다.

믿음이 없으면서 믿으라 허세 부린 것이 죄스럽고 행함 없이 말씀 가르친 것이 부끄럽고 알지 못하면서 다 아는 것같이 잘못된 상담으로 실패하고 상처받은 모든 양에게 용서를 구합니다.

가르치는 것보다 자신을 다스리는 것부터 해야 하는데 40년 목회에 남은 것은 부끄러움입니다.

수만 년 돌아가는 웅장하고 찬란한 자연의 섭리 속에 한 점 바람 되어 스쳐 갑니다.

지금까지 잔재주로 구르고 굴러오다가 기억력까지 퇴화하니 나는 바람에 사라지는 한 줌의 재입니다.

돌이켜보면 아내를 만나 젊어서부터 근검절약하여 부자 되었고, 노년에 풍요롭게 이웃을 돕고 사는 것이 모두 다 하나님의 은혜입니다.

아내와 48년, 처음 만날 때처럼 지금도 여전히 사랑하고 사모하는 그 마음 느낄 수 있어 행복합니다.

계절마다 열매가 가득했고 만사가 형통하여 함께 나누고 평안과 기쁨이 넘칩니다.

이제 육신이 무너지고 영혼이 스쳐 감을 느끼면서 인간이 인간답게 살아야 함을 깨닫게 됩니다.

이제 오직 한 가지 원함은 치매가 오더라도 심령 깊은 곳에 계신, 한평생 동행하며 사모했던 주님 잊지 말고 부르게 하소서.

코로나로 신앙생활을 하기가 어려운 때에도 열심히 신앙생활 하며 열심히 살아가는 성도 여러분의 모습을 보면서 나는 너무 편안한 것 같아 미안한 마음이 듭니다.

알곡과 쭉정이를 가르는 시험인 줄 아시고 더욱
더 믿음 지키시기를 바랍니다.
인생에 남는 것은 오직 믿음뿐입니다.

2

선한
동행자

내 여인

나 없이 못 사는 여자
떨어지면 불안해하는 여자
무엇이든 섬기고 싶어 하는 여자
오십 년을 섬기고도 더 섬기고 싶어 하는 여자

시선이 언제나 나에게 고정되어 있고
섬길 준비가 되어 있는 여자
항상 함박웃음으로
갈수록 볼수록 기쁨을 주는 여자

내 마음을 읽고 있는 여자
나밖에 모르는 여자
이 여자를 어찌해야 하나

사랑할 수밖에 감사할 수밖에 없는 내 여인
사랑할 수 있어 행복하다고 고백하는 여인
나는 그녀를 안다
그림자가 있는 천사이다

두 친구

겁 없이 세상 향해
큰소리치고 싶어 하는 친구

거친 바람 타고 동서를 떠도는 물망초
마음을 다잡지 못하고 회오리바람처럼
허공을 맴돈다

지혜로운 여인의 손 함께 떠돌며
흩어진 뿌리 잡아 준다

지민아 눈만 뜨면 부르는 노래
은혜와 사랑 찾아 삶 즐기는 친구
연약한 가지로 장자의 짐 지고
거친 바람 피해
하루하루 웃으며 행복 찾아간다
하루를 산다는 것이 행복하다

한 터럭도 빈틈없이 다듬어
다부진 손끝으로 둥지 지키는 여인

좋은 동행 두 친구 운명처럼 만나
황혼 인생길 누리며 간다

그대

애틋함도 설렘도 기다림도
빼앗긴 세상

그대 만나지 않았다면
성취감도 행복도 없는 삶

나의 못난 성격도
사랑한다는 그대

뜬구름 바람의 연으로 한 몸 되어
긴 세월 떠돌며 그늘도 되고 비도 되었다

삼시 세끼 차림이 기쁘고
곁에 있기만 해도 감사하다는 그대

긴 세월 환경이 바뀌어도
변함없이 한결같은 그대

수백 년 한자리에서
열매 맺는 나무처럼
열매 가득한 풍요로운 그대

만사 성신이 인도하시니
마음에 평안과 기쁨이 넘친다

사람이 되자

인생은 기다림
기다리다 가는 것
사람 되기를 기다린다

계절 바람이
자연의 옷 갈아입고
태양 열기에 열매 익어 간다

급한 성격,
세월은 그보다 더 빨리 갔다
어느새 육신이 무너지고
영혼이 스치는 것을 느낀다

평생 일념으로 살아온
교회 세습의 틀을 깨고
목사의 흰 가운 벗고
사람의 자리로 내려와
신을 사랑한다

이제 나의 행복을 찾은 것이
조물주에 대한 최고의 예의이다
그리고 부활해야 한다

바다는 항상 운다

나는 세상에서 공격받으면
바다가 보이는 산기슭 바위틈에 둥지 틀고
가슴의 상처 치유한다

바다는 항상 울고 있다
그래서 울고 싶은 사람이 찾는다

썰물에 파도 밀려가면서
모래 위에 남긴 무늬, 발자국

짧은 인생
인간아 인간답게 살자

축복

창조주는 인간에게
공간과 시간을 주시고
시간으로 심판하신다

많은 사람이 내 삶을 부러워한다
별장 같은 저택
궁전 같은 넓은 정원
발걸음 소리에 몰려오는 연못 속 금붕어

주님 이곳이 천국인데
새들이 자유롭게 노래하고
항상 꽃 피어 계절의 향기 가득하고

풍요로워 먹고 싶은 것 마음껏 먹고
신나게 운동하며
자유롭게 여행한다

더는 바랄 것 없고
신의 정원 가꾸기에
할 일 있어 행복한데
이곳에 님과 영원히 머물 수 없나요

오늘도
감사, 기쁨, 만족으로
자신을 제물로 드린다

공간과 시간

누리호가 불을 타고
한민족 마음 싣고
바람 없는 무저항
빛의 세계로 간다

창조주는 인간에게
공간과 시간을 주셨다
공간은 빛의 속도로
이만 년 가야
첫 정거장 은하계라는
광대한 공간 주셨다

창조주는 인간에게 시간 주시고
인간의 운명 생로병사 다스리신다

하늘에 별이 있고
땅속에 보석 있다면
인간은 지상의 무지개이다

영원한 시간 속에
순간을 사는 무지개

배터리로 시계가 돌 듯
부모의 기로 심장이 뛰지만
하늘의 시간 되면 심장이 멈춘다

나무가 잎, 꽃, 열매 다 떨구고
겨울 추위 견디는 것은
봄이 오면 부활이 있기 때문

골고다 십자가에는
공간과 시간을 다스리는
영원함이 있다

자연 속에 묻혀 산다

모든 것이 푸르르고
생명의 기가 가득한
자연 속에 묻혀 살고 있다

풀도 나무도 곡식도 튼튼하고
꽃도 열매도 나에게 선물이다

마음에 자연을 좋아하고
서서히 융합되어 간다

한밤에 우는 새
새벽잠 깨우는 새
아침 창가에 찾아와 노래하는 새
능선 너머 꿩이 애인 찾고
한낮에 까치가 손님 부른다

이대로가 좋은데
모든 것이 정겹고 풍요롭고
내일도 행복하지만
세월이 간다

새날

삶이 전쟁이다
민족, 정의, 자유 위해
가족, 명예, 노후 위해
정글 지뢰밭 암투한다

다친 곳 없이 70 평생
살아남은 것은 행운이다

세상 물건 사용하는 것만큼
무지와 싸워야 하고
현대 문화 누리는 것만큼
영혼과 타협해야 한다

먹고 먹히고 속고 속이고
죽었다 살아나고

형제간 친구 간
돈, 땅 때문에
말, 힘, 명분 싸움
원수 되어 피 터지게 싸운다

산속으로 피하면
길목에서 시비 걸고
만물이 살기 위해 싸운다

망했다 신음하는 인생
삶이 아비규환 전쟁이다

새날
빛이 어둠 밀어내고
새들이 노래하는 아침
하루가 살아난다

죄의 두려움 멀어져 가고
빈 가슴에 은혜만 가득하다
이곳이 이 몸이 누릴 가나안 땅이요
무릉도원이다

보랏빛 섬

전라도
섬 중에 작은 섬
보랏빛 섬이 있다

누구 가슴
보랏빛 꽃향기에 취하더니
섬을 보랏빛으로 물들였다

보랏빛 추억 가진 노인들이
퍼플 다리 건너
벌이 꽃 찾듯 날아든다

보랏빛 다리는
섬과 섬을 이어
육지 만든다

비바람이 불고
계절이 바뀌어도
언제나 보랏빛 섬이다

외로움과 한이
보랏빛 꽃이 되어
짙은 향기에 취하고

오늘도 작은 섬사람들은
섬 끝자락 등대 되어
보랏빛 꿈을 꾼다

어머님

어머님이 하루만 살아나신다면
마음에 쌓인 잘못
하루 종일 고백하리다

삼십 대에 사별하시고
정신까지 잃어버려
넋 나가 헤매던 어머니

아무도 모르게 죄인처럼
아버지 무덤 찾아
목 놓아 통곡하시던 어머니

삶의 무게 못 견디시고
잠시의 재혼으로
평생 죄인처럼
자식의 독선 묵묵히 받으시며
눈치로 사신 어머니

나의 의가 율법이 되고
어머니의 사랑보다 능하여
정죄했던 자식

장남인 날 남편으로 의지했는데
그 마음이 짐 되어 미워했던
철없는 자식

어머니 임종에도 무심했던 나
칠순 넘어서야 깨달아
용서 구합니다

한이 쌓이고 쌓여 돌덩이 되어
숨이 막혀 돌아가신 어머니
이 자식 속죄 받을 길 있나요

한 번도 가슴으로 불러보지 못한 어머니
하늘 향해 통곡하듯 불러봅니다
어머니 철없는 자식 용서하소서

건강한 몸 주신
어머니는 나의 뿌리요
복의 근원이었습니다

왜 사는가

걷지 못하는 95세 노모와
1급 시각장애 아들 둘이 산다

아들은 노모를 정성껏 섬기고
노모는 아들에게 집착한다

휠체어 타고 우측 좌측 하는 대로
아들이 밀며 산책한다

걷지 못하고 보이지 않으니
하루 종일 서로 이름 부르고 찾다
하루가 간다

운명으로 꼬인 삶의 외줄 잡고 산다

두 사람이 남은 것
희미한 눈 하나 약한 발 한쪽
서로 기대다 하나가 무너지면
둘 다 살 수 없다

왜 사는가
삶의 의미가 무엇인가
그럼, 나의 삶은 의미가 있나

모자에게 삶의 의미는
서로 사랑한다는 것이다

한순간도 떨어지면 살 수 없고
한순간도 사랑하지 않으면 살 수 없는
온전한 사랑이다

사랑이 삶의 의미이다

하루살이

하루살이가 하루 살기도 힘들다
곳곳에 거미줄이 처져 있고
하루도 못 살고 거미줄에 걸려 죽은
하루살이

경험도 어미도 없고
내일도 역사도 없는 하루살이

죽기 살기로 허공을 날다
운이 좋은 놈은 불빛에 춤추다 죽고
하루가 가면 어둠 속으로 모두 사라진다
하루살이 인생

사람이 그리운 할아버지

목욕탕 이발소 매달 간다
이발사 어떤 이야기로 시작하든
결국 자기 부인 자랑한다

중3 발레하던 학생 만나
19살에 결혼 20살에 아들 낳은
10살 연하 부인
반찬 밥도 할 줄 몰라
자기가 요리를 잘한다
자기는 스케이트 축구 골프
테니스 배드민턴 다 잘한다
모든 운동의 이론은 박사 같다
잘하는 사람 모두 기초를 자기가 잡아 주었다
지금도 배드민턴장에 처음 나오는 사람에게
음료수 사주면서 가르치려 하는데
처음 나온 사람 외에 가장 못 치는
80세 할아버지
왜 저렇게 살까

자랑도 교만도 아니고
사람이 그립기 때문이다

하얀 아침

초청하지 않은 손님이
먼 길 밤새도록 오시어
하얀 아침 감격 주신다

발자국을 보니
산짐승들이 밤새도록
뛰어다녔다

소나무는 하얀 너울 쓰고
신부처럼 고개 숙이고
하늘이 열린 모든 곳 은혜가 넘친다

모든 나무는 하객처럼
가지마다 하얀 옷 입고
눈꽃 송이 안갯길 만든다

천지의 조화요
축복받은 땅이요
주님 찾아오신 발자국 보인다

후회

다른 세상이 빛처럼 지나가는데
내 세상은 점점 좁아진다

젊은이는 현재를 후회하고
늙은이는 과거를 후회한다

젊은이는 선택의 앞만 보이고
늙은이는 지나온 발자국만 보인다

젊은이는 거꾸로 서봐야 후회가 보이고
늙은이는 죽음 앞에서 후회한다

그 많은 전쟁을 치르고 왔는데
후회 없는 자가 있는가

영혼 없는 선택
마음에 새겨진 붉은 상처 되고
돌이킬 수 없는 후회 늙은 가슴 아파한다

늙은이

어디선가 바람이 불고
파도가 춤추면
늙은 어부는 먼바다 바라본다

어제가 오늘 같은데
하루도 같은 날이 없고
발밑 세월이 흐른다

긴 밤 어둠 속 악령에 시달리다
아침 햇살이 퍼지면
구석구석 행복이 다가온다

너무 많이 살아 할 일 없고
너무 많은 것 가져
마지막 짐이 된다

나는 늙어가지만
내가 심은 나무가 자라고
연못에 비단잉어 매일 커간다

지울 수 없는 이미 재가 된 친구
옛 추억의 아픔 삼키며
긴 한숨 쉬고 났더니 가을이다

가장 무서운 전쟁
죽음과 싸워 이긴 한 날
지금 살아 있으면 됐소

동행 50년

자연은 창조 이래
생기로 숨 쉬며
온 누리를 사랑한다

깨벗고 태어나
부모의 한 올 한 올 짜 입힌
꽃무늬 유니폼 입고 자라

하나님 섭리로 귀인 만나
사랑을 알고 깊이 빠져
운명이 바뀌었다

우리의 몸이 하나 되고
삶이 하나 되고
영혼까지 하나 되었다

50년 전 하얀 배꽃 필 때
그녀를 만났는데
올해도 배꽃은 활짝 피었다

긴 세월 지친 몸 손잡고
거친 비바람 이겨온 세월이 모두 감사다
그녀는 에너지 충만한 사랑의 향기였다

사랑은 변하지 않는 것
계산하지 않는 것
영원한 것

그녀는 50년 한결같이
기와 지혜 그리고 복 있는
선한 동행자였다

우리의 동행 사랑으로 융화되어
영원한 세계 향해
발자국마다 사랑의 씨 남기리다

치매

오십 년 한 몸으로 산
부인을 모르고

사랑으로 키운 아들딸
못 알아보는 치매

이성은 사라지고
아득한 감성만 남은 백치

파란만장한 긴 세월
아름답고 뜨거운 열정

그 많은 사연 어디에 묻고
모두 잊어버린 당신

구할 수 없는
유리관 속에 갇혀

온 가족 울려 놓고
왜 우는지도 모른다

연극 같은 이별 연습인가
조심 걱정 없는 표정

다른 세계 사람이 된 당신
가련한 마음 눈물만 흘린다

3

남은
시간

은퇴 여행

산이 있고
바다가 있고
바람 따라 세월이 간다

해가 있고
달이 있는데
해가 지평선 넘어가야 달이 보인다

너와
내가
감정의 지평선 넘어야 하나 된다

땅이 있고
하늘이 있고
하늘 너머 새 하늘이 있다

일하다
은퇴가 오면
마지막 먼 여행 준비한다

과거
현재
바꿀 수 없어 순응하는 법을 배운다

하룻밤 통증

예고 없이 한밤중에
몸속에 통증이 생겨
밤새 설사한다

통에서 물이 새듯
기가 빠져
내 몸도 일으키지 못한다

내장과 살과 뼈가
반란을 일으켜
머리까지 붕괴된다

삶의 계획이 무너지고
죽음의 공포가 다가오고
무능한 자신을 본다

고통의 끝은 어디이며
죽음의 고통은 어떨까
고통 없는 죽음을 맞고 싶다

몇 방울의 약물이 투입되고
서서히 통증이 사라지고
기가 살아나 힘이 생긴다

마음에 평화가 오고
입은 감사의 샘이 되고
코는 먹이를 찾는다

밤새 악몽으로 어지러운 심령
아침 햇살에 눈을 떠
자연의 기를 가슴 가득 채운다

늙는 것은 통증과의 싸움이다
마디마디 통증이 오고
삶의 질이 서서히 무너진다

하룻밤의 통증
한 달 일 년 고통 속에 사는 이들
통증 없이 사는 하루가 축복이다

나는 은수저

사람이 다 흙에서 왔지만
세상에 태어나면서
운명같이 흙수저 금수저 된다

나는 흙수저로 태어나
흙수저로 살려고 목사 되었는데
신의 은총으로 은수저로 살았다

흙수저는 흙 속에 뿌리 박고 살 때
생명의 열매가 있고
삶이 아름답다

많은 사람이 금수저로 허세 부리다
열등감 자존심 상하고
열매 없는 허상의 삶이 된다

흙수저 금수저
흥망성쇠로
운명이 바뀐다

흙수저 금수저
결국 모두 타 한 줌의 재가 되어
흙으로 돌아간다

살아도 보고
죽는 것도 보다
죽으러 간다

어떤 꽃이 되느냐
어디서 피느냐
재 속에
사리 열매 남기자

8월 4일 일기(키르기스스탄)

새벽 귀뚜라미 맹렬하게 울고
풀벌레 합창 소리에 잠에서 깨어
하루가 시작된다

연못에 비단잉어 밥 주고
풋고추 오이 가지 토마토 따다가
아침 먹는다

오늘 키르기스스탄 선교여행 가는 날
공항에서 친구 만나 긴 시간 구름 위 날아
산 넘고 사막 건너 호수 위 날아 알마타에 왔다

택시 타고 카자흐스탄 국경 넘어
한여름 눈 덮인 설산 키르기스스탄
지평선 끝 붉은 태양 향해 긴 시간 달린다

우리 조상 고려인들이 쫓겨와 살던
서러움이 가득한 땅 비슈케트
하늘에 가득한 별을 보며 하루 긴 여행 마친다

설움의 눈물이 생명의 씨 되어
성령의 바람 타고
이 땅에 복음의 나라 꿈꾼다

창밖

눈 뜨면 창가에
백만 송이 꽃이 몸을 흔들며
활짝 웃는다

하얀 꽃, 빨간 꽃, 분홍 꽃
자생하는 들꽃들
혼자 보기에 가슴이 벅차다

태풍 휘감아 돌아간 뒤
여름에서 가을로 넘어가는 소리
풀벌레 애처롭게 운다

추억은 한 발짝인데
세월은 돌고 돌아 먼 길
생로병사 시간이 스쳐 간다

내일의 꿈도
성공의 기쁨도
하루하루 잔인하게 죽어간다

창가 달빛이 스며들고
어릴 적 보았던 차가운 달
어릴 적 했던 말을 되새긴다

남은 시간

길고 먼 세월
함께했던 아름다운 사람들
남은 시간 어찌할까

인연으로 외길에서 만난 옛 친구
귀가 망가져
만나면 자기 말만 한다

늙으면 무얼 해도 이쁘지 않다
힘 빠지고 용기 없고 무너져 가는
늙은 내 몸 돌보며 살자

노인은 가는 세월 두려워하지 않고
넘어지지 않는 것은
오랜 지팡이가 있기 때문

늙으면 가만히
세월을 기다릴 줄 알고
이길 수 없는 것도 안다

추한 모습 감추고
이끼 낀 노암처럼
자연 속에 묻히는 법을 배운다

늙으면

젊어서 고생하고
이제 살 만해졌는데
병드니 억울해

깨닫지 못해 허송세월
내 인생 쓰다 만 글
미완성 삶이 억울해

아름다운 세상 이별하고
꿈은 옛꿈이로되
꿈속에서도 간다는 것이 억울해

늙으면
만남도 이별 준비하고
말 안 해도 슬픔을 알고 있다

할 일 없다 놀지 말고
휴식 속에서
삶의 자유 평안 누리자

아득한 길 멀리 왔는데
석양이 지는 언덕길
승천의 터 찾아간다

누가 봐도 행복한 사람

눈만 뜨면 행복이 다가오고
오늘도 찾아오는 손님에게
나누어 주고 누리는 나의 궁

내 곁에 항상 행복해하는 아내
주름진 얼굴만큼 함께 살아온 삶
언제나 사랑으로 섬기는 아내

건강한 혈관 속에
사랑의 피가 흐르고
열정의 맥박이 뛴다

궁에 앉아
산 너머 세상을 한눈에 보고
바다 건너 지구촌과 통화한다

가난했던 과거 고통 모두 사라지고
쫓지도 쫓김도 없는 삶
계절 속에 바람 속에 행복이 와서 안긴다

내일을 기다리면
오늘 더 행복해지는
행복한 삶 멋진 인생

인천공항

올림픽 금메달
K팝 세계 1위
구름 떼같이 환영한다

몇 달 만에 귀국한 아내
마중 나온 남편보다
애견 안고 기뻐한다

돈 벌러 오는 사람
돈 쓰러 관광 가는 사람
꿈 안고 오고 간다

버림받아 입양 가는 아이
고국 땅에 묻히려 죽어오는 사람
한이 많은 하늘 정거장

앉아 기다리는 사람
급히 뛰는 사람
시간은 같이 간다

구름 위 날다
타문화 만나
머물다 떠나는 이별 공항

인생 꿈길

머물 수 없어 떠나야 하는데
평생 사모했던 곳
꿈길처럼 찾지 못한다

십 대에 인생이 무엇인지
칠십에도 인생이 무엇인지
마음에 묻는다

물이 흐르고
바람이 스치고
계절이 돌고 돌았는데

해 지는 언덕에서
인생이 무엇인지
여전히 묻는다

늙은 애

8살짜리 애늙은이가 있고
80살짜리 애가 있다

애늙은이는 운명이 만들고
늙은 애는 철없는 세월
폼만 잡다 늙었다

바람 소리에 화내고
내리막길에 넘어지고

다 큰 자식 등에 업고
허송세월 과거를 노래한다

세월은 바람처럼 휘감아 돌아
타작마당이 된다

결혼 50년

신혼여행
가나안 농군 학교 가서
감자밭 매다 왔다

결혼 50년
함께한 아내가 너무 고마워
3월 키르기스스탄
4월 몽골
5월 일본
6월 미국, 캐나다
40일간 여행 중이다

7월 키르기스스탄
9월 크루즈 지중해 여행

천사 만나 여전히 고운 아내
늙어가는 것이 애처롭다

한밤에 떠 있는 반달처럼
말없이 가고 있다

축복으로 세상 걱정 없고
심장은 뜨겁게 뛰는데
단 한 가지
죽음으로 가고 있다

날마다 죽자
수도사처럼 살자

마음에 부는 바람

구름 지나 비 내리고
물 흘러 숲이 되니
꽃 피고 새가 난다

바람 불어 계절 바뀌고
열매 떨어져 땅에 묻히고
봄 되니 수만 번 꽃핀다

경이로운 계절
수만 가지 자연의 소리
듣다 가버린 세월

마음에 부는 바람 소리
멈출 줄 모르고
수많은 상처 안고 간다

삭이지 못한 분노
무덤에서 다시 피어
후대에 악연으로
환생한다

개 가족

개는 가는 곳마다
뒷다리 들어 영역 표시한다
사람의 땅 개들이 침범한다

개가 어느새 가족이 되고
사랑받는 자랑거리다

옛날에는 개똥도 약에 썼다던데
지금은 벌금 낼까 주인이 줍는다

개들의 행동에
사람이 종노릇 하는 세상
배신을 해도 사람 사랑하자

바람

나무와 바위
늙을수록 아름다운데
사람은 늙을수록 추해진다

자연의 바람
인생의 바람
피할 수 없는 바람의 조화다

맨해튼

섬 위에 고층빌딩 숲
밤낮 반짝이는 유리 조각품

오색 빛깔 인종 백화점

각색 인종만큼
먹거리, 언어, 패션
숨김없이 온몸 드러낸다

밤하늘에 빛나는 보석
지구에서 가장 화려한 도시
세계 금융계의 성지
맨해튼

82번가 인파 속에
미쳐가는 도시 향해
미친놈 미쳤다 소리친다

미국 동서

한국에서 잘 살다가
풍조 따라 이민 45년

생활 개척 자녀 교육
긴장과 불신
남은 건 세월에 늙은 몸

40일간의 동행 여행
온몸으로 부르는 흘러간 옛노래
겹겹이 쌓인 타향살이

공항에서 헤어지며
머리 숙인 채 흘리는 뜨거운 눈물
왠지 마지막 모습 같아 나도 운다

젊었을 때 끼도 발자취도 모두 지워지고
뿌리 없이 외로이 서 있는
철학을 좋아했던 85세 노인

아침마다 걷는 연습 하지만
한순간 고목 쓰러지면
애통할 사람도 없는
내 가슴에 깊이 남은 슬픈 사람

졸혼

50년 삶의 찌꺼기 쌓여
감정의 회오리바람 몰아칠 때
육신은 졸혼의 유혹에 빠진다

아무리 미워하려 해도
살아온 50년 가슴에 남아
마디마다 사랑의 흔적 가득하다

행복한 만남의 인연
함께 온 추억의 아름다운 동산
긴 세월 정으로 융합된 삶

같은 꿈 꾸며 살아온 외길
분리될 수 없는 한 몸
죽음 후에도 동행할 그녀

멈출 수 없는 길

앞만 보고 외길로 살아온 발자취
돌아보면 마디마다 여러 길 보이는데
뒤돌아 갈 수 없는 먼 길

세월에 끌려가는 사람
한발 앞서가는 사람
모두 달 가듯 가고 있다

노인 되어 멈춘 발걸음
운명적으로 거칠게 산 삶이
공허하다

멈출 수 없는 길
공허한 마음 사랑으로 채워
마지막 그날 위해 가자

하늘이 있다

사람들이 흙을 밟고
바다에 쓰레기 버리고
공해로 하늘을 가린다

수만 년 흙은 열매 주고
바다는 각종 먹거리 주고
하늘은 늘 비로 채워 준다

사시사철 꽃이 피고
새가 울고 나무가 자라는
우리 정원

은혜로다
은혜 위에 은혜로다
우리에겐 하늘이 있다

웃는 연습

기 있을 때
용기 내어
인생을 개척하고

힘 있을 때
건강 챙기며
여행하고

늙으면
웃는 연습으로
이별을 준비하자

아름다운 인생

여름에 비가 오고
가을에 단풍 지고
겨울에 눈이 오는데

동지섣달 긴긴밤 산 넘으면
꽃 피는 봄이 오는데
친구의 빈자리가 보인다

친구여 곁에 있어 고맙네
넓은 세상 짧은 인생
우리 만남은 귀한 인연인데

이 땅에 남긴 것 없지만
만남이 귀한 줄 알고 사는 인생
아름다운 인생일세

죽음의 곁

더워 죽겠다
죽기 전에 가을이 온다
추워 죽겠다
얼음 땅 밑에 봄이 와
새싹이 나고 꽃이 핀다

죽음의 지뢰밭 건너 75년
이제 죽음이 곁에 있어
죽겠다는 말 못 한다

저 강 건너면 봄이 오는가
항상 꽃 피는 에덴동산인가

가난, 두려움, 부끄러움 없는
과거가 있겠는가
못다 한 사랑 만나고 싶다

꽃

밤하늘 별꽃
고산 위 눈꽃
눈꽃 흐르는 눈물
계곡물 꽃이 핀다

흙 속에
각양각색 꽃이 자라듯
가난한 마음에 침묵의 꽃 핀다

꽃이 아름다운 것은
모양이 이쁘고
색깔이 곱고 향기가 있어서이고

사람이 사랑스러운 것은
생명이 있고
미소가 있고 꿈이 있기 때문이다

풀벌레 소리 가득한 자연 속에
뿌리 깊은 꿈꾸는 나무
열매 맺는 꽃이 되자

사계절

추운 겨울
지독하게 길다고 욕하지만
눈 녹듯 사라진다

꽃 피는 봄
꽃향기에 취해 사랑하지만
꽃이 떨어져야 열매 맺는다

뜨거운 여름 산과 바다로 피해
못 살겠다 욕하지만
비 눈물 쏟으며 태풍에 밀려간다

곡식 익고 풀벌레 우는 가을
아침에 기분 좋고 저녁에 행복한데
풍요 속에 세월은 스쳐 간다

빛과 어둠 돌고 돌아
내 인생 긴 겨울 다가오는데
철없는 마음은 항상 봄이다

늙으면

늙은이는 거칠고 맛없는 호박잎
추억의 맛으로 먹는다

늙으면 잔소리하는 마누라보다
말 듣는 비서가 필요하다

늙은이는 IT, 세파에 밀려
귀신이 곡하는 시대를 산다

노인은 쉬지 않고 쫓아오는 세월에
누워 있어도 쫓긴다

노인은 스스로 눈감는 법을 몰라
쫓기듯 살아간다

등대

해 지면 바다가 어두워지고
섬도 고깃배도 잠든다

하얀 등댓불만 살아서
심장 뛰듯 먼바다 위를 맴돈다

내 마음속도 고요해지고
수평선 너머 벗 찾아간다

빛 속에 내 꿈이 있고
마지막 내일이 있다

기술과 운명

꿈으로 다가와
내일을 기다리는 마음
기회일까 유혹일까

목 좋은 곳에 거미집 짓고
먹이가 많이 걸린 것이
재주일까 복일까

교통사고로 죽는 것이
운전사의 기술 문제인가
죽은 자의 운명인가

남녀가 만나
사랑에 빠져 부부가 되는 것이
유전인가 운명인가

기술과 운명의 조화 속에
섭리가 있다

고려장

목사와 교수의 삶
은퇴로 겉옷이 벗겨지고
스스로 속옷까지 벗으려 하지만
뼛속까지 찌든 40년

은퇴 후에도
여전히 내 이름은 목사교수
이름값 하는 일
건강지키기 위해 산다

내가 목사가 된 것은
피할 수 없는 영의 부름이 있었고
목사가 되어
사명으로 목사의 삶 살았다

이제 고려장 지낼 산이 보인다
철없이 살아온 길도 보인다
부끄러운 일이 너무 많아
산 오르며 용서받기를 구해야 한다

내 본향 천국

무엇이 나를 행복하게 할까
무엇이 힘이 되어 살맛나게 할까
남은 시간 어떻게 살아야 할까
모든 생명은 서서히 죽어 가는데

내 몸도 한순간 사라지는데
매일 다듬고 화장하던 얼굴
매일 씻으며 사랑하던 몸
평생 아끼던 육신이 썩어 사라진다

육신이 사라지면 혼도 서서히 사라진다
나의 혈육 가족의 마음에서
정들어 반갑게 만나던 친구들 기억에서
진리를 논하던 동료들의 정신에서 사라진다

영원한 영만 살아남는다
하늘의 별처럼
흰 돌에 새겨진 이름처럼
거듭난 자의 영만 살아남는다

영이 사는 곳 천국
영광과 거룩만 있는 곳
죽음과 어둠이 없는 곳
그곳이 내 본향이다

우리 사랑 50년

이 정 원 열 세 번 째 시 집

초판 1쇄 인쇄 2024년 11월 18일
초판 1쇄 발행 2024년 11월 25일

지은이 이정원
표지디자인 이사라

펴낸이 정영구
펴낸곳 누림과이룸
편집 전정숙 박영희

등록 제25100-017-000010
주소 서울시 동작구 사당로27길 78(사당동) 501호
전화 02)811-0914
이메일 zeronine86@hanmail.net
페이스북 facebook.com/nurimiroom

디자인·인쇄 디자인화소

ISBN 979-11-91780-17-8
정가 15,000원